EIN NORWEGER AUF DEM JAKOBSWEG

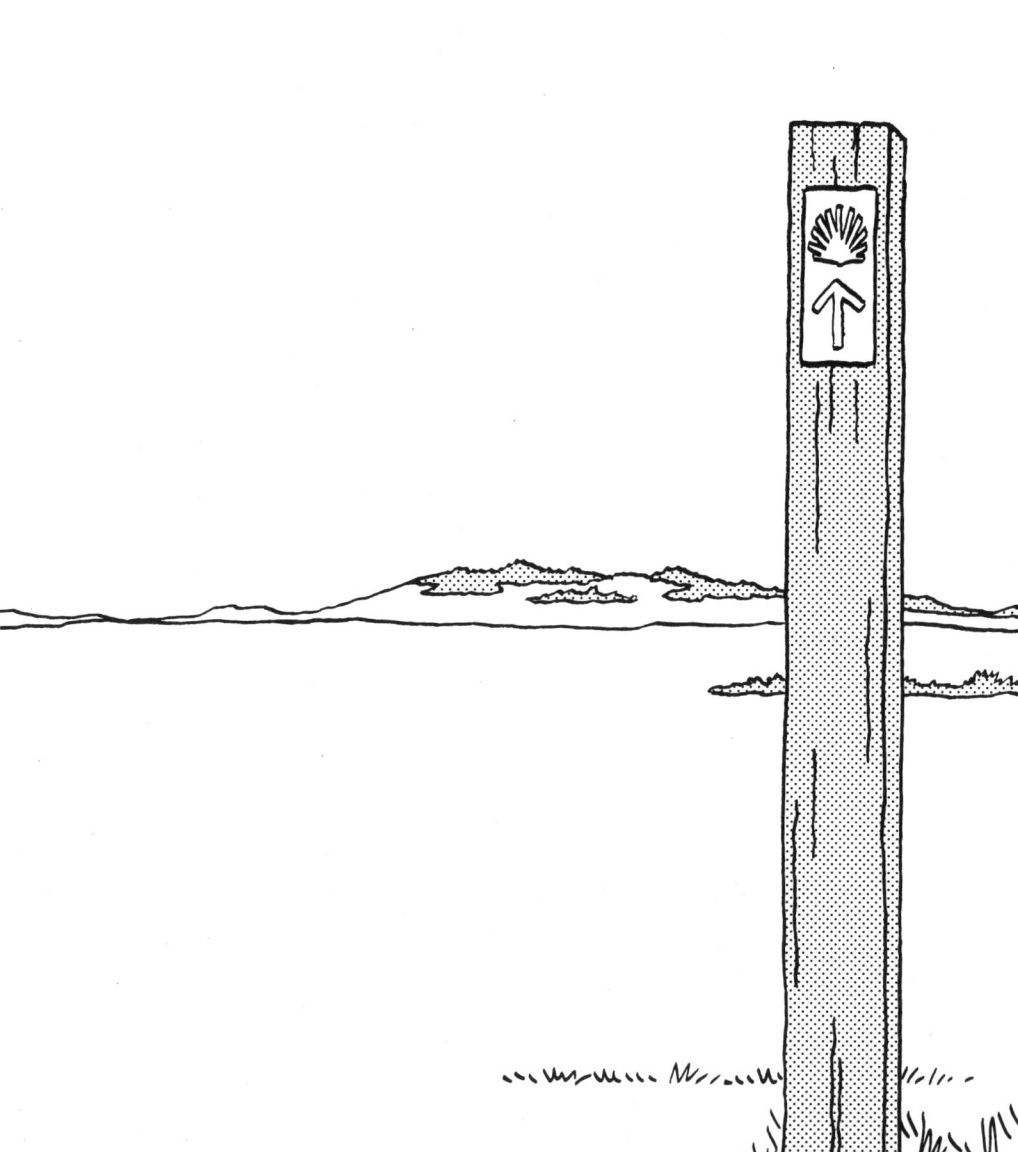

JASON

EIN NORWEGER AUF DEM JAKOBSWEG

Aus dem Französischen von Silv Bannenberg
Lettering: Arne Bellstorf

ICH ESSE ALLEIN. ICH HABE NOCH MIT KEINEM EINZIGEN PILGER GESPROCHEN.

ZURÜCK IN DER UNTERKUNFT. IM GEMEINSCHAFTSRAUM IST NUR EINE PERSON.

IM FERNSEHEN LÄUFT EIN FILM MIT GÉRARD DEPARDIEU.

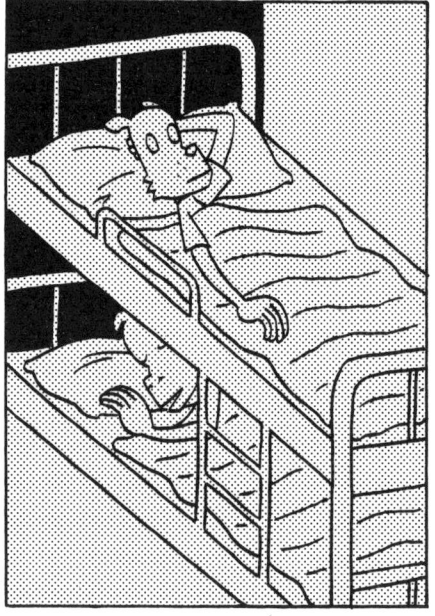

GENIESS DIE AUSSICHT, DUMMKOPF! SONST IST ES ZU SPÄT. DU HAST KEINEN FOTOAPPARAT DABEI.

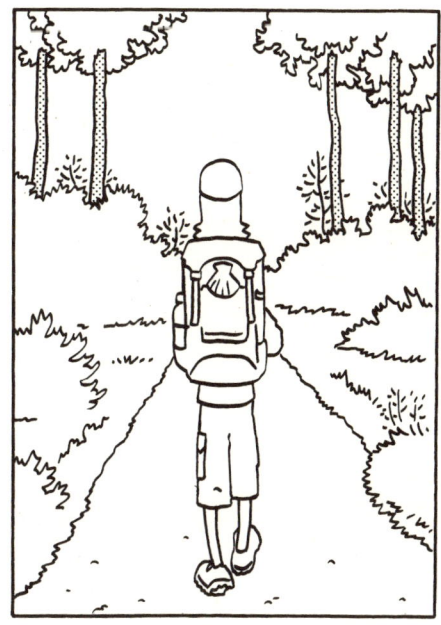

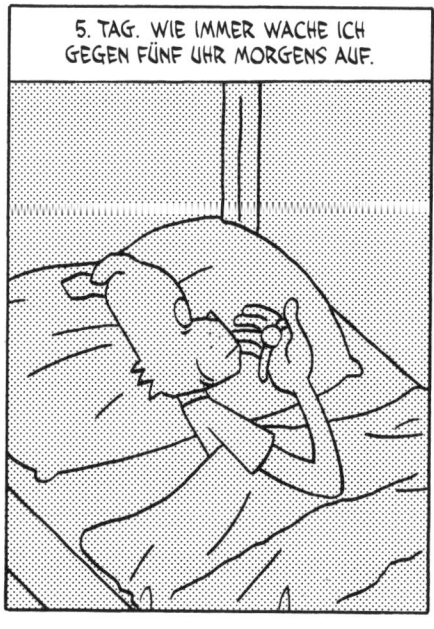

TRÄUME NICHT
DEIN LEBEN
LEBE DEINEN TRAUM   JACK
  AISHA   ♥
                    LISA

courage is a love affair
with the unknown
¡Buen Camino!
Ella, mai 2015

VON UNTEN HÖRE ICH LACHEN UND GESPRÄCHSFETZEN.

ICH SEHE HELIO MIT EINER GRUPPE PILGER AN EINEM TISCH SITZEN. ES GIBT EINEN FREIEN PLATZ.

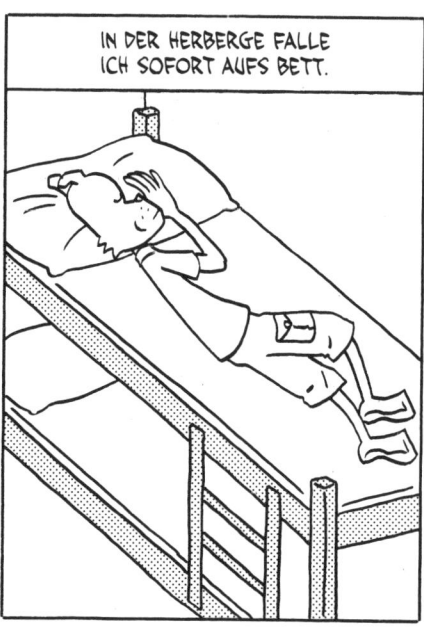

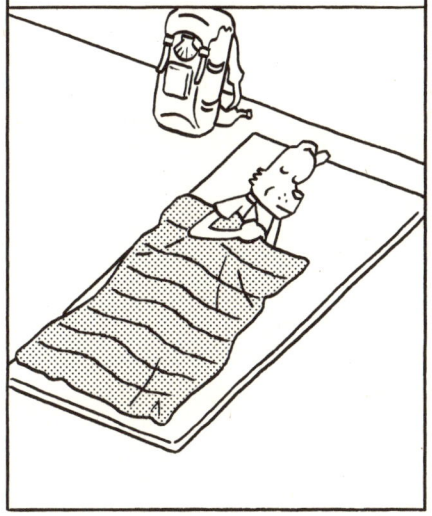

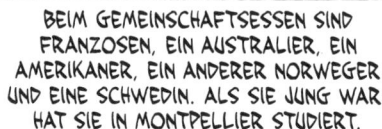

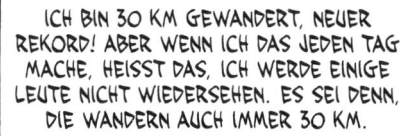

ICH BIN 30 KM GEWANDERT, NEUER REKORD! ABER WENN ICH DAS JEDEN TAG MACHE, HEISST DAS, ICH WERDE EINIGE LEUTE NICHT WIEDERSEHEN. ES SEI DENN, DIE WANDERN AUCH IMMER 30 KM.

DIE HEUTIGE ETAPPE BIS CARRIÓN DE LOS CONDES IST AUCH 30 KM LANG. DORT KOSTET EIN BETT IM SCHLAFSAAL VIER EURO. FÜR DREI EURO MEHR GÖNNE ICH MIR EIN DREIERZIMMER.

ICH BESORGE MIR HANDSCHUHE UND KAUFE IM SUPERMARKT AN DER ECKE EIN.

IN DER KÜCHE MACHE ICH MIR ETWAS ZU ESSEN. ES IST NUR EIN ITALIENISCHES PAAR DA, NIEMAND ZUM REDEN.

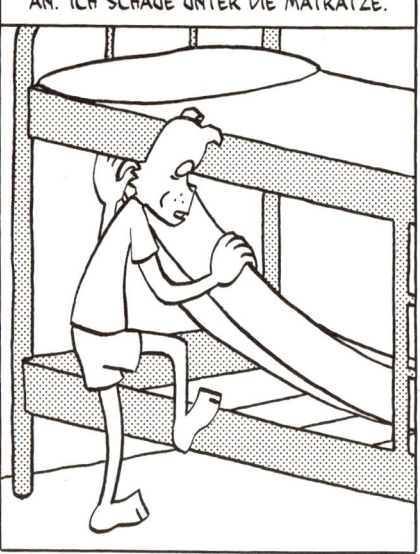

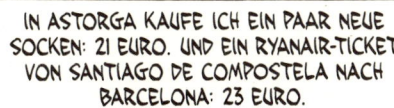

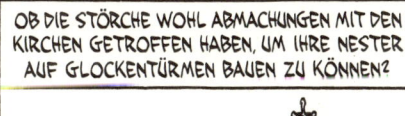

ZUM ERSTEN MAL IN MEINEM LEBEN SEHE ICH EINEN WILDHASEN.

DIESE HERBSTFARBEN SIND UNGLAUBLICH. ES IST HERBST, STIMMT SCHON. ABER TROTZDEM.

IN VILLAFRANCA DEL BIERZO SUCHE ICH MIR EINE HERBERGE.

*AUCH IM ORIGINAL AUF DEUTSCH

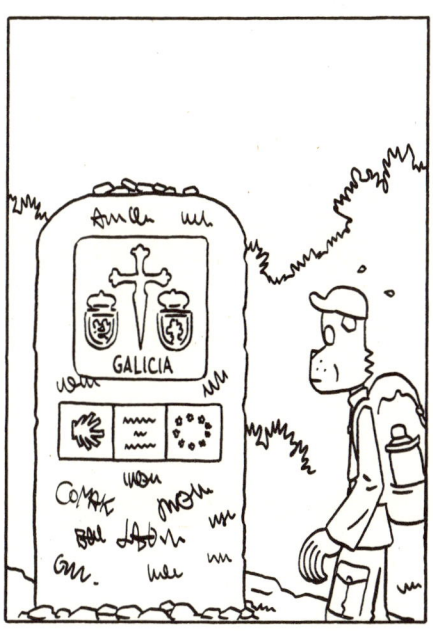

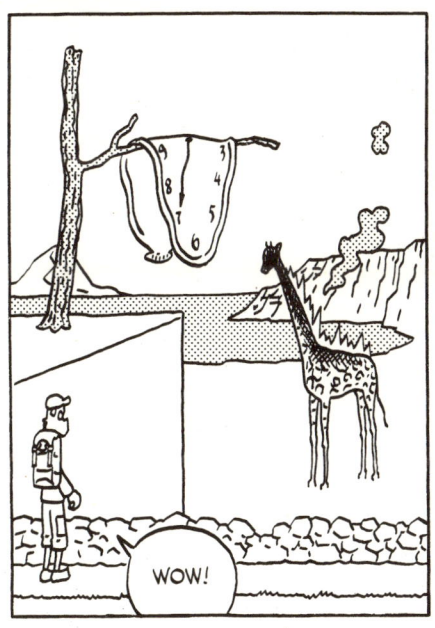

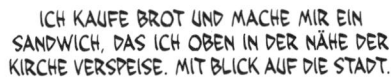

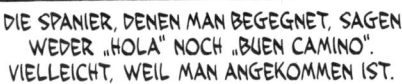

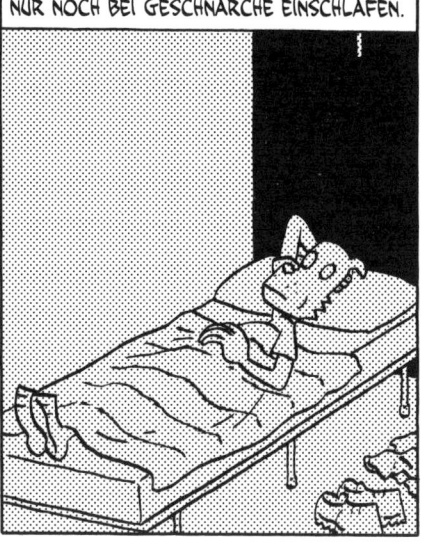

DANKE
FRED UND YUKO FÜRS HÜTEN MEINER KATZE,
LAUREANO DOMINGUEZ FÜR DIE TAPAS
UND LEWIS TRONDHEIM FÜR SEINE GEDULD.

DANKE
ALLEN LEUTEN, DENEN ICH AUF DEM
JAKOBSWEG BEGEGNET BIN. ¡BUEN CAMINO!

Jason bei Reprodukt
»Ein Norweger auf dem Jakobsweg«
»Die Insel der 100.000 Toten« (mit Fabien Vehlmann)
»Ich habe Adolf Hitler getötet«
»Hemingway«

Jason bei Schwarzer Turm
»Psssst!«
»Hey, warte mal...«

Der Autor und Zeichner
Geboren am 16. Mai 1965 im norwegischen Molde als John Arne Sæterøy, begann **Jason** bereits im Alter von 15 Jahren erste Comics zu veröffentlichen. 1995 legte er mit »Lomma full av Regn« (»Pocket Full of Rain«) seine erste längere Comicerzählung vor. Jason, der u. a. in Dänemark, Belgien und den USA gelebt hat, ehe er im französischen Montpellier sesshaft wurde, gelang mit dem Buch »Hey, warte mal...« 2001 der internationale Durchbruch.

Seine lakonischen und im besten Ligne-Claire-Stil umgesetzten Geschichten um anthropomorphe Tiere und B-Movie-Monster entstehen heute zumeist für französische Verlage, erzielen jedoch auch in den USA Erfolge. Zwischen 2007 und 2009 brachte Jason das Kunststück fertig, dreimal in Folge den renommierten Eisner Award für den besten internationalen Comic zu gewinnen (u. a. für »Hemingway« und »Ich habe Adolf Hitler getötet«).

Die Übersetzerin
Silv Bannenberg studierte Romanistik und Germanistik in Marburg und Straßburg, gefolgt von einem interdisziplinären Programm der Gender Studies und Feministischen Wissenschaften. Nach einem Aufenthalt in Rennes ist Silv Bannenberg heute in Berlin zu Hause, gibt Deutschunterricht für Migrant:innen, übersetzt Comics und Graphic Novels und lektoriert Übersetzungen sowie andere Texte.

Für Reprodukt hat Silv Bannenberg u. a. Werke von Magali Le Huche (»Nowhere Girl«, 2022), Mathieu Sapin (»Gérard. Fünf Jahre am Rockzipfel von Gérard Depardieu«, 2018), Pénélope Bagieu (»Hexen hexen«, 2020) und Max de Radiguès (»Simon & Louise«, 2022) aus dem Französischen übertragen.

Aus dem Französischen von Silv Bannenberg
Redaktion: Matthias Wieland und Michael Groenewald
Korrektur: Nele Heitmeyer
Lettering und Herstellung: Arne Bellstorf
Font: Jason

Gottschedstr. 4 / Aufgang 1
13357 Berlin

Copyright © 2024 Reprodukt für die deutsche Ausgabe.
Originally published under the following French title:
UN NORVEGIEN VERS COMPOSTELLE by Jason
Copyright 2017 © Éditions Delcourt
All rights reserved.
Published by arrangement with Groupe Delcourt, 8 rue Léon Jouhaux, 75010 Paris, France.
Herausgeber: Dirk Rehm
ISBN 978-3-95640-404-7
Druck: Pozkal, Inowroclaw, Polen
Alle deutschen Rechte vorbehalten.
Erste Auflage: Februar 2024

www.reprodukt.com

Kofinanziert von der
Europäischen Union

Von der Europäischen Union finanziert. Die geäußerten Ansichten und Meinungen entsprechen jedoch ausschließlich denen des Autors bzw. der Autoren und spiegeln nicht zwingend die der Europäischen Union oder der Europäischen Exekutivagentur für Bildung und Kultur (EACEA) wider. Weder die Europäische Union noch die EACEA können dafür verantwortlich gemacht werden.